Wolterinck

Voorwoor

Mijn kennismaking met Marcel en Cees vond plaats temidden van 11.000 tulpen. In april 1994, ter gelegenheid van de 400ste verjaardag van de tulp, heeft Marcel Wolterinck on huis, de ambtswoning van de Nederlandse ambassadeur in Washington, omgetoverd in een waar sprookje. 43 soorten tulpen geschikt in schitterende arrangementen, in perfect harmonie met hun omgeving wat kleur en vorm betreft, versierden de statige neoklassieke residentie. Onze garage, waar Marcel aan het werk was, leek op de bloemenveilin van Aalsmeer in het klein. Daar heb ik zijn enorme creativiteit kunnen bewonderen. Maar achter die creativiteit schuilt een grondige kennis van bloem en bloeiwijze en een talen om dit soort evenementen met succes te organiseren. En een succes was het: Washington spreekt er nog over. In het najaar van 1995 heb ik zijn vakmanschap nogmaal kunnen bewonderen. Aan de vooravond van de eerste tentoonstelling van Johannes Vermeers werken te Washington, heeft Marcel een groot huldebetoon gebracht aan dez schilder en zijn tijdgenoten. Met een overvloed van bloemen en voorwerpen bracht hij de 17e-eeuwse stillevens op adembenemende wijze tot werkelijkheid. Op grote en klein tafels werden boeketten, ganzen, fazanten, schaaldieren, vissen en tientallen voorwerpen neergelegd als waren zij zo uit de schilderijen gehaald. Het was een feest voor het oog Mede dankzij Cees Roelofs, Marcel's visuele alter ego, is dit boek tot stand gekomen. Nadat Marcel zijn creaties tot stand had gebracht, begon de arbeid voor Cees. Met oneindi veel geduld, bedacht op het juiste licht, gevoelig voor kleur en detail, trachtte hij de essentie van de vluchtige schoonheid van bloem en arrangement vast te leggen. Het resultaa kunt u zelf in dit boek bewonderen. De dagen die ik met Marcel, Cees, hun vrouwen Anja en Corrie en hun medewerkers heb doorgebracht, behoren tot mijn dierbaarst herinneringen. Het is derhalve voor mij een vreugde om het voorwoord te mogen schrijven voor dit prachtige boek, dat tot stand gekomen is door de samenwerking van twe exceptionele kunstenaars

Mevrouw Françoise Jacobovits de Szege

Foreword

The first time I met Marcel and Cees we were surrounded by 11.000 tulips. To mark the 400th birthday of the tulip, in April 1994 Marcel Wolterinck transformed the official esidence of the Dutch ambassador in Washington, D.C. into a true fantasy world. The 43 varieties of tulips were arranged in magnificent floral creations to adorn the stately neo-classical residence. They were in perfect harmony with the surroundings both in terms of colour and design. Our garage, where Marcel did his work, looked like a smaller version of the flower auction in Aalsmeer. There I was able to marvel at his incredible creativity. But at the heart of that creativity lies extensive knowledge of flowers and nflorescence and a talent for successfully organizing such events. And it was a resounding success: Washington is still talking about it. I was able to admire his skill again in the autumn of 1995. On the eve of the first exhibition of the works of Johannes Vermeer in Washington, Marcel paid a major homage to this painter and his contemporaries. With an abundance of flowers and objects he spectacularly recreated seventeenth century still lifes. Bouquets, geese, pheasants, crustaceans, fish and dozens of artifacts were arranged on large and small tables as if they were taken straight from the paintings. It was a sight to behold. This book has come about in part thanks to Cees Roelofs, Marcel's visual alter ego. Cees' work began after Marcel had completed his creations. With unending patience, a sharp eye for just the right lighting and a keen sense of colour and detail, he aspired to capture the essence of the fleeting beauty of flower and arrangement. You can admire the results in this book yourself. I count the days I spent with Marcel, Cees, heir wives Anja and Corrie and their co-workers among my most precious memories. So I am extremely delighted to write the preface for this exquisite book which is the result of the cooperation of two exceptional artists.

Irs. Françoise Jacobovits de Szeged

Françoise Jacobovits de Szeged

Préface

Ma rencontre avec Marcel et Cees s'est déroulée au milieu de 11.000 tulipes. En avril 1994, Marcel Wolterinck avait transformé notre maison, la demeure de l'ambassadeur des Pays-Bas à Washington en un comte de fée, ceci à l'occasion du 400éme anniversaire de la tulipe. A l'aide de quarante-trois sortes de tulipes assorties en de flamboyants arrangements harmonieusement adaptés à leur entourage en ce qui concerne leurs couleurs et formes, décoraient la majestueuse résidence de type néo-classique. Notre garage où Marcel était en plein travail ressemblait à la vente publique de fleurs d'Aalsmeer, mais en plus petit naturellement. C'est là que j'ai pu admirer toute sa créativité. Derrière cette créativité se cache avant tout une connaissance approfondie des fleurs et de leurs épanouissements et bien entendu le talent d'organiser ce genre d'évènements avec succès. A propos de succès, tout Washington en parle encore.

Durant l'automne en 1995, j'ai eu à nouveau le plaisir de pouvoir admirer ses connaissances du métier. A la veille de la première exposition des oeuvres de Johannes Vermeer à Washington, Marcel rendait un hommage grandiose à ce peintre et ses contemporains. Il a réussi d'une manière remarquable, à l'aide d'une abondance de fleurs et d'objets, de rendre la vie à ces natures mortes du 17ème siècle. Il avait déposé sur toutes sortes de tables des bouquets de fleurs, des oies, des faisans, des crustacés, des poissons et des dizaines d'objets différents. On aurait cru que ces créations venaient tout droit des tableaux. C'était un festin pour l'oeil. C'est grâce à la collaboration de Cees Roelofs, le sosie visuel de Marcel, que ce livre a pu se concrétiser.

Une fois que Marcel avait terminé avec ces majestueuses créations, le travail de Cees pouvait enfin commencer. Il essaya avec une patience immense et infinie, avec un regard pour la lumière adéquate, sensible pour les couleurs nécessaires et les plus petits détails, de fixer l'essence de la beauté des fleurs et des arrangements. Vous pourrez admirer le résultat dans ce livre.

Les jours que j'ai passés à côté de Marcel et Cees, et leurs épouses Anja en Corrie ainsi que leurs collaborateurs figurent parmi mes souvenirs les plus précieux. C'est par conséquent pour moi, un réel plaisir de pouvoir écrire la préface de ce superbe livre, qui en outre est l'aboutissement de la collaboration de deux exceptionnels artistes.

Madame Françoise Jacobovits de Szeged

Vorwort

Kennengelernt habe ich Marcel und Cees in einem Blumenmeer aus 11.000 Tulpen. Im April 1994, anläßlich des 400. Geburtstages der Tulpe, hat Marcel Wolterinck unser Haus, die Residenz des niederländischen Botschafters in Washington, in ein wahres Märchen verwandelt. Gestecke, die aus 43 verschiedenen Tulpensorten in perfekter Form- und Farbharmonie mit ihrer Umgebung geschaffen wurden, schmückten die stattliche, neoklassizistische Residenz. Unsere Garage, in der Marcel seinen Arbeitsplatz eingerichtet hatte, glich einer Blumenversteigerung in Aalsmeer, und nicht einer Garage in Washington.

Dort, in dieser Garage, konnte ich seine enorme Kreativität bewundern, eine Kreativität, die auf fundierten Kenntnissen von Blume und Blühweise beruht, verbunden mit dem unvergleichlichen Talent, Veranstaltungen auf gehobenem Niveau erfolgreich zu organisieren und ein Erfolg war es, denn in Washington spricht man noch heute davon. Im Herbst des Jahres 1995 hatte ich noch einmal Gelegenheit, Marcels fachmännisches Können zu bewundern. Am Abend vor der ersten Johannes-Vermeer-Ausstellung in Washington zollte Marcel diesem großen Maler und seinen Zeitgenossen auf besondere Weise seinen Respekt.

Mit Blumen in Hülle und Fülle und einer Flut von Requisiten erweckte er die Stillleben des 17. Jahrhunderts zum Leben. Auf großen und kleinen Tischen wurden Blumengebinde, Gänse, Fasane, Schalentiere, Fische und unzählige andere Gegenstände so arrangiert, als wären sie den ausgestellten Gemälden entnommen worden - eine wirkliche Augenweide! Es ist unter anderem der Mitarbeit von Cees Roelofs, Marcels visuellem Alter Ego, zu danken, daß dieses Buch entstehen konnte.

Nachdem Marcel seine Kreationen geschaffen hatte, konnte Cees mit der Arbeit beginnen. Mit unendlicher Geduld, viel Aufmerksamkeit für den richtigen Lichteinfall und Gefühl für Farbe und Details versuchte er, das Wesen der vergänglichen Schönheit von Blumen und Arrangements festzuhalten. Das Ergebnis können Sie selbst in diesem Buch bewundern.

Die Tage, die ich mit Marcel, Cees, ihren Ehefrauen Anja und Corrie, und mit ihren Mitarbeitern verbracht habe, behalte ich in bleibender Erinnerung. Ich freue mich daher besonders, das Vorwort zu diesem wunderbaren Buch verfassen zu dürfen, das dank der Zusammenarbeit zweier außergewöhnlicher Künstler entstehen konnte.

Frau Françoise Jacobovits de Szeged

Françoise Jacobovits de Szeged

Wolterinck/Laren

Marcel Wolterinck is een bloemist in hart en nieren. Zijn ontwerpen voor tuinen en boeketten in fijne nuances hebben een heel eigen plaats in de bloemenwereld. Daarnaast houdt hij zich ook bezig met de decoratie voor feesten en presentaties en verzorgt de styling van interieurs, serres en terrassen. Voor iedere plek in huis en voor iedere gelegenheid de juiste sfeer creëren, dat is de specialiteit van Wolterinck. Marcel Wolterinck verruilde de Achterhoek, waar hij is geboren en getogen, voor het Gooi. Hij liet zijn keus vallen op het schilderachtige Laren als locatie voor een eigen winkel. Inmiddels is Wolterinck zowel in Nederland als België uitgegroeid tot een begrip op het gebied van wonen en decoreren. Het krachtige effect van simpele ideeën en het contrast van rust en overdaad, daaruit bestaat de visie van Marcel Wolterinck. Zijn persoonlijkheid en levensstijl weerspiegelen zich in de stijlvolle en functionele ontwerpen, die een natuurlijke eenvoud uitstralen. Wolterinck kiest in alles wat hij doet voor eerlijkheid en soberheid om een harmonie met de natuur te realiseren.

Marcel Wolterinck is a florist in heart and soul. The refined nuances of his designs for gardens and bouquets have earned him a special place in the world of flowers. His work also involves providing decorations for parties and presentations and designing interiors, sun rooms and terraces. Creating the right mood for every spot in the house and for every occasion is Wolterinck's speciality. Marcel Wolterinck traded the Achterhoek,where he was born and raised, for the Gooi. He selected the picturesque village of Laren as the location for his shop. Wolterinck has since emerged as a leading name in the field of interior design and decorating in both the Netherlands and Belgium. The powerful effect of simple ideas and the contrast of simplicity and exuberance are at the core of Marcel Wolterinck's vision. His personality and lifestyle are reflected in the stylish and functional designs which exude a natural simplicity. In everything he does Wolterinck chooses for honesty and austerity to bring about a harmony with nature.

Marcel Wolterinck est un fleuriste né. Ses réalisations raffinées de jardins et de bouquets ont trouvé une place privilégiée dans le monde de la décoration florale. Il s'occupe également de la décoration de fêtes et de présentations, de l'agencement d'intérieurs, de vérandas et de terasses. La spécialité de Wolterinck est de savoir créer l'ambiance idéale aussi bien pour chaque endroit de la maison que pour chaque occasion particulière. Marcel Wolterinck a préféré s'installer à "le Gooi", une région du centre des Pays-Bas à la place de la région de Achterhoek située à l'est du pays oú il est né et élevé. Il choisit d'ouvrir son magasin de fleurs dans un village pittoresque à "Laren". Entre-temps Wolterinck a développé une renommée dans le domaine de l'habitation et de la décoration aussi bien aux Pays-Bas qu'en Belgique. La vision de Marcel Wolterinck consiste en un effect percutant de simples idées et un contraste entre la simplicité et la surabondance. Sa personalité et son style de vie se reflètent dans ses décorations élégantes et fonctionnelles, qui rayonnent d'une simplicité naturelle. Afin de réaliser une parfaite harmonie avec la nature, Wolterinck a choisi la candeur et la sobriété pour toutes ses créations.

Marcel Wolterinck ist mit Leib und Seele Florist. Seine Entwürfe für Gartengestaltungen und Bukette in feinen Nuancen haben einen ganz eigenen Platz in der Blumenwelt erobert. Daneben beschäftigt er sich auch mit der Dekoration von Festen und Präsentationen, der Gestaltung von Innenräumen, Wintergärten und Terrassen. Es ist Wolterincks Spezialität, in jeder Ecke des Hauses und für jeden Anlaß die richtige Atmosphäre zu schaffen. Marcel Wolterinck verließ die sogenannte "Achterhoek", den entlegenen Teil der Niederlande, in dem er geboren und aufgewachsen ist, und zog um in das Gooi, ein Gebiet bei Hilversum. Er ließ sich im malerischen Laren nieder und eröffnete dort sein Geschäft. Wolterinck hat sich inzwischen sowohl in Holland als auch in Belgien auf dem Gebiet von Wohnen und Dekorieren einen Namen gemacht. Die nachhaltige Wirkung einfacher Ideen und der Kontrast von Ruhe und Üppigkeit ist Marcel Wolterincks Philosophie. Seine Persönlichkeit und sein Lebensstil spiegeln sich in stilvollen und funktionellen Entwürfen wider, die natürliche Einfachheit ausstrahlen. Wolterinck wählt bei allem, was er tut, Ehrlichkeit und Schlichtheit, um Harmonie mit der Natur zu erreichen.

De winkel

In hartje Laren heeft Marcel Wolterinck met zijn vrouw Anja tien jaar geleden een bloemenwinkel geopend. Bij binnenkomst stap je als het ware een levend schilderij binnen, dat is opgebouwd uit stillevens van bloemen, planten, glas, keramiek, meubels en antieke objecten. In een rustige en aangename ambiance kun je genieten van klassieke muziek. Met een team van enthousiaste binders creëert Marcel Wolterinck een geheel eigen concept, verweven met de natuur. Inmiddels beantwoordt zijn winkel aan de vraag van een zekere exclusiviteit. Je kunt er niet alleen terecht voor bloemen en planten, maar ook voor decoratieartikelen, producten geselecteerd uit heel Europa, en een bijzondere zelfontworpen collectie, gemaakt van natuurlijke materialen. De creaties van Wolterinck, van een tuiltje maartse viooltjes tot een bruidsboeket, vertonen allemaal een klassieke invloed, die op een eigentijdse manier is weergegeven. De winkel krijgt meerdere malen per jaar een totaal ander decor en ademt een andere sfeer uit. De kwaliteit van het gebodene, daarvoor staat Wolterinck garant.

The shop

Ten years ago Marcel Wolterinck and his wife Anja opened a flower shop in the heart of Laren. Entering the shop is like stepping into a living painting constructed of still lifes of flowers, plants, glass, pottery, furniture and antiques. Classical music adds to the peaceful and pleasant ambience. With a team of enthusiastic floral designers, Marcel Wolterinck creates an entirely individual concept, intertwined with nature. His shop now responds to the demand for a certain degree of exclusivity: you can purchase not only flowers and plants, but also decorative items, products selected from all over Europe, and a distinctive personally designed collection made purely of natural materials. Wolterinck's creations, from a little bunch of sweet violets to a bride's bouquet, all showcase a classical influence expressed with a contemporary flair. Several times a year the shop is completely redesigned to radiate a different atmosphere. And each of the products has Wolterinck's personal guarantee of quality.

La boutique

Il y a 10 ans, au coeur du petit village "Laren", que Marcel Wolterinck et son épouse Anja ont ouvert une boutique de fleurs. En entrant dans cette boutique, c'est comme si vous vous trouvez dans un tableau vivant composé de fleurs, de plantes, de verres, de céramiques, de meubles et d'objets anciens. Dans cette ambiance calme et agréable, vous pouvez également apprécier de la musique classique. Avec son équipe de collaborateurs enthousiastes, Marcel Wolterinck a créé un concept tout à fait unique, lié avec la nature. Sa boutique répond également à une demande de réalisations très exclusives. Vous y trouvez non seulement des fleurs et des plantes mais également des articles et produits de décorations provenant de toute l'Europe, ainsi qu'une collection d'objets créée par lui-même et fabriquée à base de matériaux naturels. Les créations de Wolterinck qu'il s'agit d'une gerbe de violettes printanières ou d'un bouquet de mariée font preuves d'une influence classique qui est reproduite d'une manière très contemporaine. Les décorations dans la boutique sont changées plusieurs fois par an et dégagent ainsi à chaque fois une ambiance différente. Wolterinck vous assure à chaque fois d'une qualité de service incomparable.

Das Geschäft

Vor zehn Jahren eröffnete Marcel Wolterinck zusammen mit seiner Frau Anja im Dorfskern von Laren ein Blumengeschäft. Betritt man das Geschäft, so glaubt man sich in einem lebenden Gemälde zu befinden, aufgebaut aus Stillleben von Blumen, Pflanzen, Glas, Keramik, Möbeln und antiken Gegenständen. In einer ruhigen und angenehmen Umgebung genießt der Besucher klassische Musik. Mit einem Team von leidenschaftlichen Blumenbindern erarbeitet Marcel Wolterinck sein eigenes, eng mit der Natur verbundenes Konzept. Inzwischen hat Wolterinck sich einen Namen aufgebaut, der mit einer gewissen Exklusivität verbunden wird. Es werden außer Blumen und Pflanzen auch vielfältige Dekorationsartikel, ausgewählte Produkte aus ganz Europa, sowie eine selbstentworfene Kollektion aus natürlichen Materialen angeboten. Wolterincks Kreationen, vom Veilchenstrauß bis hin zum Brautbukett, zeigen alle einen klassischen Einfluß, der auf zeitgemäße Weise wiedergegeben wird. Mehrmals im Jahr wird das Dekor des Geschäftes von Grund auf geändert und strahlt dadurch eine stets andere Atmosphäre aus. Für die Qualität des Angebotes garantiert Wolterinck.

Woltersinck

Kerst '95, zwart/wit thema

Christmas '95, black and white theme

Noël '95, thème noir et blanc

Weihnachten '95, das schwarzes und weißes Thema

Topiary decorations

Bloemen en Arrangementen

Een eenvoudige ruiker, een olijfhouten mand boordevol met tulpen, een boeket dat zo uit de tuin lijkt geplukt; Marcel Wolterinck houdt van een veelvoud aan simpele vormen. Verschillende typen planten en bloemen verwerkt hij in een visueel evenwicht om hun specifieke kwaliteiten tot uiting te laten komen. De basis van zijn werk wordt gevormd door natuurlijke materialen. Hij kiest voor eerlijkheid en soberheid. In haar manier van schikken wordt de bloem gebruikt in haar pure vorm, opdat deze optimaal tot zijn recht komt. Eenvoud en natuurlijke harmonie zijn de achterliggende gedachten. Zijn boeketten zijn ongecompliceerd en ademen een bewuste nonchalance uit. Marcel Wolterinck gebruikt bloemwerken uit het klassieke verleden als inspiratiebron. Daarnaast maakt hij gebruik van florale toepassing in de architectuur, zoals de guirlandevorm. In het werk van Wolterinck vullen uitersten elkaar aan. Het contrast tussen het klassieke en het eigentijdse kent een persoonlijke waarde toe aan het werk van Wolterinck.

Flowers and Arrangements

A simple nosegay, an olive wood basket brimming with tulips, a bouquet that looks as if it's just been picked from the garden; Marcel Wolterinck loves an abundance of simple shapes. He incorporates a variety of plants and flowers into a visual balance that brings out their unique qualities. Natural materials form the basis of his work. He follows an honest and uncomplicated approach and uses the flower in its pure form for its optimal presentation. Simplicity and natural harmony are the guiding principles. His bouquets are uncomplicated and have an air of conscious nonchalance about them. Marcel Wolterinck turns to floral pieces from the classical past for inspiration. He also uses floral application in architecture, for example the garland shape. Extremes complement each other in Wolterinck's work and the contrast between the classical and the modern is his personal touch.

Fleurs et Arrangements

Marcel aime la multiplicité de formes simples: un panier en bois d'olivier rempli de tulipes, un simple petit bouquet ou un bouquet qui semble venir tout droit du jardin. Il transforme différentes sortes de plantes et de fleurs en un équilibre visuel afin de faire ressortir au maximum leurs qualités spécifiques. La base de son travail consiste en matériaux naturels. Il choisit toujours pour l'intégrité et la sobriété. Dans sa manière d'arranger, la fleur est utilisée dans sa forme la plus pure, afin qu'elle lui rende toute sa beauté naturelle. Simplicité et harmonie naturelle sont les mots clés de toutes ses réalisations. Ses bouquets sont simples et respirent d'une nonchalance bien voulue. Marcel Wolterinck utilise des décorations florales de l'époque classique comme source d'inspiration. En plus, il utilise également des applications florales en architecture, comme par exemple la forme de guirlande. Dans le travail de Wolterinck, les extrêmes se complètent. Le contraste entre le classique et le contemporain accorde une touche personelle supplémentaire au travail de Wolterinck.

Blumen und Gestecke

Ein einfacher Blumenstrauß; ein Korb aus Olivenholz, bis zum Rand gefüllt mit Tulpen; ein Bukett, das aussieht, als käme es frisch aus dem Garten: Marcel Wolterinck liebt eine Vielzahl einfacher Formen. Verschiedene Sorten von Pflanzen und Blumen werden zu einem visuellen Gleichgewicht verarbeitet, um ihre ganz besonderen Qualitäten zum Ausdruck zu bringen. Die Basis seiner Arbeiten ist natürliches Material. Er wählt Ehrlichkeit und Schlichtheit. Seine Art, Blumen zu arrangieren, hebt die Blume in ihrer reinen Form hervor, so, daß sie optimal zu ihrem Recht kommt. Einfachheit und natürliche Harmonie sind die grundlegenden Gedanken. Seine Bukette sind unkompliziert und strahlen bewußte Nonchalance aus. Blumengestecke der klassischen Vergangenheit sind für Marcel Wolterinck Inspirationsquellen. Daneben macht er auch Gebrauch von der Eingliederung von Blumen und Pflanzen in die Architektur, wie z.B. bei der Girlandenform. In Wolterincks Arbeiten ergänzen sich die Gegensätze; und der Kontrast zwischen Klassischem und Gegenwärtigem verleiht ihnen eine persönliche Note.

Interieur/Exterieur

Naast zijn bloemarrangementen houdt Wolterinck zich bezig met de omgeving in en rondom het huis. Alles speelt een rol, van de inrichting van de oranjerie tot een stilleven in de eetkamer. Marcel Wolterinck legt accenten met natuurlijke materialen. Een combinatie van stijlen van vroeger en nu heeft zijn voorkeur. Zijn wens is om twee huizen te bewonen die elkaars tegenpool zijn. Hij houdt van een sobere en pure sfeer, met veel licht en ruimte en enkele sterke objecten. De sfeer moet ontstaan uit het functionele, waarbij alles zin heeft en een doel dient. Het is een uitdaging om met alledaagse bijna onopvallende voorwerpen iets moois te scheppen. De relatie tussen in- en exterieur is de serre of de oranjerie, voor Wolterinck de meest plezierige plek om te vertoeven. Een ruimte met veel glas, waar je direct geniet van alle veranderingen van het licht, van de tuin en van de natuur. Via de serre ondergaat Wolterinck alle jaargetijden.

Interior/Exterior

In addition to floral arrangements, Wolterinck's work involves everything in and around the home. Everything plays a role, from the design of the orangery to a still life in the dining room. Accents are added with natural materials. Wolterinck likes to combine styles of the past and present. His dream is to live in two houses which are each other's opposite. He prefers a straightforward and pure atmosphere, with lots of light and space and several striking pieces. The ambience must be achieved from the functional, in which everything has a reason and purpose. The challenge is to take everyday, almost inconspicuous, objects and transcreate them into something beautiful. Wolterinck thinks the most pleasant place in a home is the sunroom or orangery where the interior and exterior are united. A space surrounded by glass, where you can enjoy the changes in light, the garden and nature. It is here that Wolterinck experiences the beauty of the seasons.

Intérieur/Extérieur

A part la décoration florale, Marcel Wolterinck s'occupe également de tout ce qui concerne la décoration d'intérieur et d'extérieur. Tout joue un rôle, de l'installation d'une orangerie à la composition d'une nature morte dans la salle à manger. Marcel Wolterinck imprègne un accent aux choses à l'aide de matériaux naturels. Il mélange de préférence des styles anciens et des styles actuels. Son souhait est d'habiter deux différentes maisons qui s'opposent complètement en ce qui concerne leurs styles. Il apprécie une ambiance sobre et pure, entourée de beaucoup de lumière, ayant de grands espaces ainsi que quelques très imposants objets. L'ambiance doît être créée par du fonctionnel, où tout a un sens et se prête à un but bien spécifique. C'est un défi de devoir créer quelques choses de particulier à l'aide d'objets simples, de tous les jours. Le lien entre l'intérieur et l'extérieur d'une habitation est d'après Wolterinck la serre ou l'orangerie ce qui représente d'ailleurs l'endroit idéal pour passer des moments agréables. Un endroit qui grâce à ses grandes fenêtres vous permet de suivre chaque changements de lumière, du jardin et de la nature. De par sa serre, Wolterinck suit et ressent chaque changements de saison.

Innenräume / Aussenräume

Neben seinen Blumengestecken beschäftigt sich Wolterinck mit allem, was rundum das Haus einzurichten ist. Alles spielt eine Rolle: von der Einrichtung der Orangerie bis hin zur Gestaltung eines Stilllebens im Eßzimmer. Den Nachdruck legt Marcel Wolterinck auf natürliche Materialien. Am liebsten kombiniert er die Stile der Vergangenheit mit denen der Gegenwart. Sein Wunsch ist es, in zwei Häusern zu wohnen, von denen das eine des anderen Gegenpol ist. Er liebt eine schlichte und reine Atmosphäre mit viel Licht, Raum und einigen wenigen ausdrucksstarken Objekten. Die Atmosphäre muß aus der Funktionalität entstehen, in der alles Sinn haben und zu einem Ziel führen muß. Es ist eine Herausforderung, aus alltäglichen, beinahe unauffälligen Dingen etwas Schönes zu schaffen. Das Bindeglied zwischen In- und Exterieur ist das Gewächshaus oder die Orangerie, für Wolterinck der angenehmste Aufenthaltsort. Ein Raum mit viel Glas, in dem man direkt alle Veränderungen der Lichtverhältnisse, des Gartens und der Natur genießen kann. Im Gewächshaus durchlebt Wolterinck alle Jahreszeiten.

't Kuilen Bosch.

't Kuilen Bosch

Verscholen achter een met groen overwoekerde poort ligt 't Kuilen Bosch, een karaktervolle Engelse cottage uit 1923. Om toekomstige cliëntèle te laten zien wat er op zijn vakgebied allemaal mogelijk is, kocht Wolterinck het landhuis 't Kuilen Bosch en toverde dat om tot een grote inspiratiebron voor verschillende sferen, waarbij het oorspronkelijke karakter werd bewaard. Voor Wolterinck is 't Kuilen Bosch een eigentijds voorbeeld van huiselijk geluk. Zijn persoonlijkheid, stijl en smaak komen tot uitdrukking in de verschillende kamers die elk een eigen verhaal vertellen. Het huis ligt in een bosrijke omgeving waarbinnen vier verschillende tuinkamers zijn gecreëerd met ieder een eigen karakter; de witte tuin, de vijvertuin, de platanentuin en de Engelse tuin. Deze tuinen worden door muren en hagen omringd en zijn met opzet heel verschillend van sfeer. De serre, de gestileerde tuinkamers en de kracht van simpele ideeën maken van 't Kuilen Bosch een smaakvolle villa zonder luxe, waarin de natuur het voor het zeggen heeft.

Nestled behind an ivy-covered gate is 't Kuilen Bosch - a characteristic English cottage built in 1923. Wolterinck purchased 't Kuilen Bosch country cottage to show prospective clients everything that is possible in his profession. He transformed it into a grand source of inspiration of various ambiences while maintaining the original character. To Wolterinck 't Kuilen Bosch is a modern example of domestic pleasure. His personality, style and taste are mirrored in the various rooms which each tell their own story. The house is situated in a wooded area in which four different garden spaces have been created featuring their own distinctive characters: the white garden, the pond garden, the plane-tree garden and the English garden. They are enclosed by walls and hedges and each has been purposely given a different ambience. The sun room, the stylized garden spaces and the power of simple ideas make 't Kuilen Bosch a tasteful villa without grandiosity where nature has the final word.

Caché derrière une porche envahie d'une riche végétation se trouve un charmant cottage anglais de 1923, nommé 't Kuilen Bosch. Afin de montrer à ses futurs clients tout ce qu'il était possible de créer dans sa profession, Wolterinck acheta la propriété 't Kuilen Bosch qu'il enchanta en différentes ambiances mais dont le caractère original resta conservé. 't Kuilen Bosch est pour Wolterinck l'exemple actuel du bonheur familial. On ressent très fort la personalité, le style de vie et les goûts de Wolterinck à travers les différentes pièces qui chacunes nous racontent une histoire bien particulière. La maison est située dans un cadre boisé, dans lequel ont été créé quatres jardins ayant un caractère bien personnel: le jardin blanc, le jardin à l'étang, le jardin de platanes et le jardin anglais. Ces jardins sont entourés de murs et de haies et sont explicitement différents en ce qui concerne leurs styles. La serre, les jardins stylisés et la force des idées simples font du `t Kuilen Bosch, une villa élégante sans luxe, où la nature est reine.

Versteckt hinter einem grün überwucherten Eingangstor liegt 't Kuilen Bosch, ein charaktervolles englisches Landhaus aus dem Jahre 1923. Um zukünftigen Kunden zu zeigen, was auf seinem Fachgebiet alles möglich ist, kaufte Wolterinck das Landhaus 't Kuilen Bosch und zauberte es zu einer Inspirationsquelle für verschiedene Atmosphären um, wobei jedoch der ursprüngliche Charakter des Hauses erhalten blieb. Für Wolterinck ist 't Kuilen Bosch ein lebendiges Beispiel für häusliches Glück. Seine Persönlichkeit, sein Stil und Geschmack finden in den verschiedenen Zimmern ihren Ausdruck; Zimmer, von denen jedes eine eigene Geschichte erzählt. Das Haus liegt in einer waldreichen Umgebung, in der vier "Gartenzimmer" kreiert wurden, wobei jeder Garten seinen eigenen Charakter widerspiegelt: der weiße Garten, der Teichgarten, der Platanengarten und der Englische Garten. Diese Gärten sind von Mauern und Hecken umgeben und unterscheiden sich bewußt in ihrer Ausstrahlung. Das Gewächshaus, die stilisierten Gartenzimmer und die Kraft einfacher Ideen machen 't Kuilen Bosch zu einer Villa ohne Luxus, zu einem Ort, an dem die Natur tonangebend ist.

Torso Michelle Deiters

ASHLEY STYLE

BOSCH

TAGE ANDERSEN
Scholteshof
JAN DAVIDSZ DE HEEM EN ZIJN KRING
COLOUR IN DECORATION
KEUKENHOVEN
DE EEUW VAN
DE FRANSE REVOLUTIE

Residence beurzen

Vanuit het niets, het nulpunt een nieuw sfeerbeeld creëren is een uitdaging voor Wolterinck. Het thema, de kleur, de muziek, de geuren en de vormgeving van de locatie spelen een rol. Afhankelijk van de omgeving wordt door Wolterinck een betoverend decor bedacht. Op de eerste Residence Woonbeurs in 1990, die in de prachtige Beurs van Berlage werd gehouden, liet Wolterinck zich inspireren door zwarte en pure kleuren. De stand, omgetoverd tot een imposante tent, werd verwezenlijkt in samenwerking met Gerry Nelissen Interieurs. Op de Residence beurs '93, in de tuinen van 't Singer Museum te Laren, werden twee contrasten gerealiseerd. Een door Wolterinck gedecoreerde eettafel in een loden- en zinkachtige teint, gecombineerd met witte en natuurlijke kleuren, versierde het romantische prieeltje. Daarnaast ademde het oude koetshuis door middel van warm getinte muren een Toscaanse sfeer uit.

Residence fairs

For Wolterinck it is a challenge to create a new atmosphere out of nothing, to start from scratch. The theme, the colour, the music, the scents and the design of the location are all taken into consideration. At the first Residence Home Fair in 1990, organized in the lovely Beurs van Berlage in Amsterdam, black and pure colours served as Wolterinck's inspiration. Together with Gerry Nelissen Interiors, the stand was transformed into an magnificent tent. At the 1993 Residence Fair, held in the gardens of 't Singer Museum in Laren, two contrasts were achieved. A dining table decorated by Wolterinck featuring lead and zinc tones, combined with white and natural colours, adorned the romantic arbour. On the other side the old coach house with its warm-tinted walls evoked the spirit of Tuscany.

Expositions "Résidence"

Pour Wolterinck, l'ultime défi est de créer une nouvelle atmosphère à partir de rien. Le thème, la couleur, la musique, les odeurs ainsi que la composition de l'entourage jouent un grand rôle. Dépendant de l'entourage où il travaille, Wolterinck crée un décor fascinant. Lors de la première exposition de l'habitation "Résidence" en 1990, qui s'est déroulée dans la splendide "Bourse de Berlage" à Amsterdam, Wolterinck se laissa inspirer par des couleurs sombres et pures. Le stand qui avait été transformé en une tente impressionante, avait été créé en collaboration avec Gerry Nelissen Intérieurs. Lors de l'exposition "Résidence" en '93, tenue dans les jardins du musée "Singer" à Laren, deux contrastes avaient été réalisés: D'un côté la table à manger de Wolterinck, qui était décorée dans des tons de couleurs "plomb et étain" combinés avec des couleurs blanches et des teints naturels, embellisait le berceau romantique. De l'autre côté, les murs aux tons chauds donnaient à la vieille remise une ambiance de Toscane.

Residence-Messen

Aus dem Nichts, vom Nullpunkt beginnend eine neue Atmosphäre zu schaffen ist eine Herausforderung für Wolterinck. Das Thema, die Farbe, die Musik, die Düfte und die Bauweise des Ortes spielen dabei eine Rolle. Von der Umgebung inspiriert erschafft Wolterinck ein bezauberndes Dekor. Auf der ersten "Residence Woonbeurs", einer Einrichtungsmesse, die 1990 im prächtigen Börsengebäude "Beurs van Berlage" in Amsterdam stattfand, ließ Wolterinck sich von schwarzen und reinen Farben anregen. Der Stand, der in ein imposantes Zelt verwandelt worden war, wurde in Zusammenarbeit mit Gerry Nelissen Interieurs verwirklicht. Auf der Residence-Messe '93, die in den Gärten des Singer-Museums in Laren stattfand, wurden zwei Kontraste realisiert. Ein von Wolterinck dekorierter Eßtisch in einer blei- und zinkartigen Farbgebung, kombiniert mit weißen und natürlichen Farben, schmückte die romantische Gartenlaube. Das alte Kutscherhaus strahlte mit seinen in warmen Farben gehaltenen Wänden eine toskanische Atmosphäre aus.

Home and Garden Fair

De door Beatrix Kleuver georganiseerde Home and Garden Fair is de toonaangevende beurs op het gebied van huis, tuin en interieur. Verschillende keren heeft Marcel Wolterinck op landgoed Beeckestijn grootse projecten uitgevoerd. In 1994 werd op deze prachtige locatie een oranjerie gecreëerd, gemaakt van roestig staal en doorzichtig kopergaas wanden die een schitterend uitzicht op de tuin boden. Een jaar later, in 1995, staken vier torens hoog de lucht in met als thema 'van wit naar zwart'. Op de Home and Garden Fair '96 ontstond er in het bospaviljoen een zeer bijzonder restaurant in samenwerking met Piet Boon Oostzaan, Taeymans Meesterschilders, Gerry Nelissen Interieurs en La Renaissance. De zes verschillende interieurs, die elk een eigen sfeer uitstraalden, hebben een onvergetelijke indruk achtergelaten.

Home and Garden Fair

Home and Garden Fair, organisée par Beatrix Kleuver est la plus importante dans le domaine de la maison, du jardin et de l'intérieur. Maintes fois, Marcel Wolterinck a exécuté de grands projets dans la propriété de Beeckestijn. En 1994, il a créé en ce merveilleux endroit une orangerie, composée d'acier rouillé et de parois de gazes cuivrées et transparentes qui offraient une vue resplendissante sur le jardin. Un an plus tard, en 1995, quatre tours s'étiraient haut dans le ciel ayant comme thème "du blanc au noir". Lors de Home and Garden Fair en '96, un restaurant très original a été créé dans le pavillon du bois en collaboration avec Piet Boon Oostzaan, Taeymans Meesterschilders, ainsi que Gerry Nelissen Intérieurs et La Renaissance. Les six différents intérieurs, d'où émanait une ambiance unique, ont laissé derrière eux une impression inoubliable.

Home and Garden Fair

The Home and Garden Fair organized by Beatrix Kleuver is the leading exhibition in the home, garden and interior field. Marcel Wolterinck has created ambitious projects at the Beeckestijn chateau on a number of occasions. In 1994 an orangery was created at this lovely location, constructed of stainless steel and transparent copper netting walls providing a breathtaking view of the garden. A year later, in 1995, four towers rose high to the heavens with the theme "from white to black." At the 1996 Home and Garden Fair, Wolterinck joined forces with Piet Boon Oostzaan, Taeymans Meesterschilders, Gerry Nelissen Interiors and La Renaissance to transform the park pavilion into an exceptional restaurant. The six individual interiors, each with its own atmosphere, made an unforgettable impression.

Home and Garden Fair

Die von Beatrix Kleuver organisierte "Home and Garden Fair" ist die führende Messe auf dem Gebiet von Haus, Garten und Interieur. Marcel Wolterinck hat auf dem Landgut Beeckestijn einige Male großangelegte Projekte durchgeführt. 1994 wurde an diesem prächtigen Schauplatz eine Orangerie aus rostigem Stahl kreiert, deren durchsichtige Wände aus Kupfergaze eine wunderbare Aussicht auf den Garten boten. Ein Jahr später, 1995, ragten vier Türme in die Höhe, die das Thema "von Weiß zu Schwarz" trugen. Auf der Home and Garden Fair '96 erstand im Waldpavillon ein ganz besonderes Restaurant in Zusammenarbeit mit Piet Boon Oostzaan, Taeymans Meesterschilders, Gerry Nelissen Interieurs und La Renaissance. Die sechs verschiedenen Inneneinrichtungen, von denen jede eine andere Atmosphäre ausstrahlte, haben einen unvergeßlichen Eindruck hinterlassen.

Op locatie

Op 21 juni 1991 waande menig bezoeker zich in een midzomernachtdroom. In een witte tent werd men bij binnenkomst in witte nevel gehuld, waarna het ontwaken in een adembenemend stilleven van Wolterinck plaatsvond. Wolterinck heeft veel projecten gerealiseerd op de meest gevarieerde locaties; in een stoomtrein naar Parijs, buiten in het veld, in de National Gallery in Washington, in een paardenstal, een tent, restaurants en op boten en in kastelen. Hij houdt zich met de hele entourage bezig, van de tafeldecoraties tot de volledige styling van de locatie. Het gaat om het creëren van bijzondere sferen, waarin elk detail een belangrijke plaats inneemt zoals fakkels bij de entree, bijzondere onderborden, ingepakte stoelen, geraffineerd tafellinnen en de meest onverwachte bloemcreaties.

On location

On June 21st, 1991 many visitors imagined themselves in a midsummer's night dream. As the guests entered a white tent they were enveloped in a white veil to be awakened a few moments later in a breathtaking Wolterinck still life. Wolterinck has realized numerous projects at extremely varying locations: on a steam train to Paris, outdoors in a field, in the National Gallery in Washington, in a horse stable, a tent, restaurants and on boats and in castles. He is involved with every aspect, from the table decorations to the complete styling of the location. It's all about creating exceptional ambiences, in which each detail plays a significant part such as torches at the entry, unusual dinner plates, wrapped chairs, sophisticated table linens and the most unexpected floral creations.

A différents endroits

Le 21 juin 1991, plusieurs visiteurs s'imaginaient être dans un semi-rêve de nuits d'été. En entrant dans une tente blanche, les invités étaient enveloppés dans un voile blanc, où après ça ils se réveillaient plus tard dans une nature morte créée par Wolterinck. Wolterinck a réalisé de nombreux projets, à chaque fois dans des endroits très variés : dans un train à vapeur à destination de Paris, un champ, la "National Gallery" à Washington, une écurie, un chapiteau, des bateaux et bien entendu dans de nombreux châteaux et restaurants. Il s'occupe de tout l'entourage : de la décoration des tables à l'arrangement total du lieu. Le but est de créer des ambiances exceptionnelles dans lesquelles chaque détails prennent une place importante, tels que des flambeaux placés à l'entrée, des soucoupes originales, des chaises recouvertes de superbes tissus, de très belles nappes en lin et des créations florales des plus inattendues.

Vor Ort

Am 21. Juni 1991 glaubte sich mancher Besucher in einem Mittsommernachtstraum. In einem weißen Zelt wurde man beim Hereinkommen in weißen Nebel gehüllt, aus dem man in einem atemberaubenden Stillleben von Wolterinck erwachte. Wolterinck hat viele Projekte an den unterschiedlichsten Plätzen realisiert: in einem Dampfzug nach Paris, in der Natur, in der National Gallery in Washington, in einem Pferdestall, in einem Zelt, in Restaurants, auf Booten und in Schlössern. Er kümmert sich um das ganze Drum und Dran, von den Tischdekorationen bis zum gesamten Styling des Schauplatzes. Es geht ihm um das Schaffen besonderer Atmosphären, in denen jedes Detail eine wichtige Rolle spielt, wie z.B. Fackeln beim Eingang, besondere Platzteller, verpackte Stühle, raffinierte Tischwäsche und unbeschreibliche Blumenkreationen.

Diners-Tafeldecoraties

Een van de genoegens van het leven is het tafelen. Wolterinck maakt dit tot een van de mooiste momenten van de dag. Het is voor Marcel Wolterinck een uitdaging aan elk diner een eigen thema te verbinden. Hij verrast zijn gasten keer op keer. In een rustige en aangename ambiance worden de zintuigen geprikkeld door een betoverend of eenvoudig decor. Zijn bourgondische levenswijze komt tot uiting in zijn ongecompliceerde decoraties.

Dinner and Table Decorations

Dining is among life's divine pleasures. Wolterinck elevates it to one of the most beautiful moments of the day. He considers it a challenge to give each dinner its own theme, and surprises his guests time after time. In a peaceful and pleasant ambience, the senses are stirred by a magical or simple decor. His burgundian lifestyle is reflected in his uncomplicated decorations.

Dîners et décorations de table

Un des plaisirs de la vie est de bien manger. Wolterinck transforme ce moment en un des plus beaux de la journée. C'est pour Marcel Wolterinck un défi d'associer à chaque dîner un propre thème, il réussit à chaque fois de surprendre ses invités par son originalité. Dans une ambiance paisible et agréable, les sens sont stimulés par un décor simple ou ensorcelant. Son style de vie bon vivant se reflecte dans ses décorations remplies de simplicité.

Diners und Tischdekorationen

Eine der Freuden des Lebens ist es, gut zu essen. Wolterinck macht diese Freude zu einem der schönsten Augenblicke des Tages. Für Marcel Wolterinck ist es eine Herausforderung, jedes Diner mit einem eigenen Thema zu verbinden. So überrascht er seine Gäste jedes Mal aufs Neue. In ruhiger und stilvoller Atmosphäre werden die fünf Sinne durch ein bezauberndes oder auch ein schlichtes Dekor stimuliert. Seine großzügige Lebensweise kommt in seinen unkomplizierten Dekorationen zum Ausdruck.

La Renaissance

Acht jaar geleden vond de toevallige ontmoeting plaats tussen bloemdecorateur Marcel Wolterinck en cateraar Gertjan van der Hoest. Gertjan van der Hoest uit Brielle is van huis uit een binnenhuisarchitect maar in 1982 wierp hij zich op zijn werkelijke passie: het traiteurschap. In zijn bedrijf 'La Renaissance' catert hij op topniveau, waarbij hij wordt geïnspireerd door het Franse platteland Bij de evenementen die hij samen met Marcel Wolterinck bedenkt en organiseert, speelt de decoratie een grote rol. Marcel Wolterinck en Gertjan van der Hoest vullen elkaar prima aan. Het streven naar perfectie is hen dan ook niet vreemd. Beiden houden van uitdagingen en deinzen niet terug voor grote projecten. Van de door hun georganiseerde feesten maken ze een onvergetelijke happening.

Eight years ago floral designer Marcel Wolterinck and caterer Gertjan van der Hoest met by chance. Van der Hoest who lives in Brielle was originally an interior architect but in 1982 he began concentrating on his true passion: catering. His company "La Renaissance" provides first-class catering services. His culinary creations are inspired by the French countryside. Decoration plays an important role in the events which he conceives and organizes together with Marcel Wolterinck. The two men complement each other wonderfully. They understand each other's drive for perfection, both of them are drawn to a challenge and not afraid to take on large projects. They convert the parties they organize into unforgettable events.

Il y a huit ans que Marcel Wolterinck rencontra tout à fait par hasard le traiteur Gertjan van der Hoest. Gertjan van der Hoest d'origine de Brielle était tout d'abord architecte d'intérieur de profession mais en 1982 il s'est finalement décidé à se jeter dans sa véritable passion : le métier de traiteur. Dans sa société, portant le nom "La Renaissance", il offre un service de première qualité , pour laquelle il s'inspire du caractère rural de la France. Lors des événements, quîl organise ensemble avec Marcel Wolterinck, la décoration joue un rôle primordial. Marcel Wolterinck et Gertjan van der Hoest se complètent parfaitement. La réalisation de la perfection est ce à quoi ils aspirent. Tous deux aiment les défis et ne reculent jamais devant l'organisation d'un projet important. Ils transforment chaque fête en un événement inoubliable.

Vor acht Jahren trafen sich rein zufällig der Florist Marcel Wolterinck und der Gastronom Gertjan van der Hoest. Gertjan van der Hoest aus Brielle ist eigentlich gelernter Innenarchitekt, widmet sich aber seit 1982 seiner wahren Leidenschaft, dem Arrangieren von Diners auf hohem Niveau in seinem Geschäft, dem "La Renaissance", wobei er sich gern vom französischen Landleben beeinflussen läßt. Bei Veranstaltungen, die er zusammen mit Marcel Wolterinck organisiert und ausrichtet, spielt die Dekoration eine entscheidende Rolle. Marcel Wolterinck und Gertjan van der Hoest ergänzen sich perfekt. Das Streben nach Perfektion ist beiden dann auch nicht unbekannt. Beide lieben Herausforderungen und schrecken auch vor großen Projekten nicht zurück. Die von ihnen organisierten Feste werden für jeden zu einem unvergeßlichen Erlebnis.

La Renaissance

Washington

In april 1994 verlegt Marcel Wolterinck zijn grenzen van Laren naar Washington. Ter gelegenheid van de 400ste verjaardag van de Tulp en de doop van de Hillary Clintontulp tovert Wolterinck de residentie van de Nederlandse ambassadeur Jacobovits de Szeged om tot een waar tulpensprookje. Hij verwerkt 11.000 tulpen in diverse variëteiten tot kolossale arrangementen. Deze bloemdecorateur uit het hoge Noorden laat Washington sprakeloos achter. Een jaar later keert Wolterinck terug met 5000 kilo materiaal waaronder ontelbare bloemen van 50 verschillende soorten, afkomstig uit alle delen van de wereld, fruit en groenten. De aanleiding is de tentoonstelling van de Hollandse meester Johannes Vermeer in de National Gallery. In de ambtswoning in Washington, voor Wolterinck inmiddels bekend werkterrein, vindt de expositie 'Still lives alive' plaats. Geïnspireerd door stillevens van de Hollandse Meesters uit de Gouden Eeuw , waaronder Jan Davidsz de Heem, Ambrosius Bosschaert en Jan Breughel schept Marcel Wolterinck adembenemende arrangementen. Bourgondische taferelen, gemaakt van bloemen, fruit, geurende hammen, broden, gevogelte, oesters en kreeften stralen de totale sfeer van die tijd uit. De levende bloemstillevens bevatten zoveel mogelijk authentieke ingrediënten: oude boeken, Goudse pijpen, tinnen borden en kopieën van roemerglazen. Wolterinck heeft de geschilderde fantasieboeketten op eigentijdse wijze geïnterpreteerd. Deze moderne Hollandse meester is erin geslaagd de Gouden Eeuw te doen herleven.

In April 1994 Marcel Wolterinck extended his reach to Washington, D.C. To commemorate the 400th birthday of the Tulip and the christening of the Hillary Clinton Tulip, Wolterinck transformed the residence of Dutch ambassador Jacobovits de Szeged into a fairytale land of tulips. He used 11,000 tulips of various varieties to create enormous arrangements. This floral designer from the far North left a lasting impression on Washington. He returned a year later with 5,000 kilos of material including countless flowers of fifty different types from every corner of the world, as well as fruits and vegetables. The reason for his visit was the exhibition of the Dutch master Johannes Vermeer in the National Gallery. "Still lifes alive" was held at the official residence in Washington, by now familiar working territory for Wolterinck. Inspired by the still lifes of the Dutch Masters of the Golden Age, including Jan Davidz de Heem, Ambrosius Bosschaert and Jan Breughel, Marcel Wolterinck creates breathtaking arrangements. Burgundian scenes, made of flowers, fruit, redolent hams, breads, fowl, oysters and lobsters recall the spirit of the time. The living floral still lifes contain as many authentic ingredients as possible: old books, clay pipes, tin plates and replicas of rummer glasses. Wolterinck interpreted the painted fantasy bouquets in a contemporary manner. This modern Dutch master has succeeded in bringing the Golden Age back to life.

Au mois d'avril 1994, Marcel Wolterinck a déployé son talent jusqu'à Washington. A l'occasion du 400ème anniversaire de la Tulipe et du baptême de la tulipe nommée Hillary clinton, il a transformé la résidence de l'ambassadeur des Pays-Bas, Jacobovits de Szeged en un décor féerique formé de superbes tulipes. Il transforma 11.000 tulipes de diverses sortes et coloris en différents arrangements floraux colossaux. Ce décorateur- fleuriste du Nord de l'Europe a laissé tout Washington stupéfait. Un an plus tard, Wolterinck est retourné à Washington avec cinq tonnes de matériel parmi lesquelles un nombre incalculable de plus de cinquante sortes différentes de fleurs provenant du monde entier et nombreux fruits et légumes. La raison de sa présence était l'exposition du peintre hollandais Johannes Vermeer dans la National Gallery. Au même moment et toujours dans la résidence de l'ambassade des Pays-Bas, un endroit déjà bien connu par lui, se déroulait l'exposition Nature mortes vivantes. Inspiré par des natures mortes des Maîtres peintres hollandais du Siècle d'Or, en autres Jan Davidsz de Heem, Ambrosius Bosschaert et Jan Breughel, Wolterinck créa des arrangements qui vous coupent le soufle. Des tables bourguignones garnient de fleurs, de fruits, de jambons embaumant, de pains, de volailles, d'huîtres et de homards recréaient l'ambiance de ces temps anciens. Les natures mortes vivantes de fleurs étaient composées d'un maximum d'objets authentiques : des vieux livres, des pipes de Gouda, des assiettes en étain et des copies de coupes à vin de Moselle. Wolterinck a su reproduire les peintures de bouquets de fantaisie d'une manière très contemporaine. Ce maître hollandais des temps modernes a réussi à faire revivre le Siècle d'Or à travers ses créations.

Im April des Jahres 1994 verlegte Marcel Wolterinck seinen Arbeitsplatz von Laren nach Washington. Anläßlich des vierhundertsten Geburtstages der Tulpe, sowie der Taufe der Hillary-Clinton-Tulpe, verzauberte Wolterinck die Residenz des niederländischen Botschafters Jacobovits de Szeged in ein wahres Tulpenmärchen. Insgesamt verarbeitete er 11.000 Tulpen verschiedener Sorten und Farben zu kolossalen Gestecken. Der Florist aus dem hohen Norden ließ Washington sprachlos zurück. Ein Jahr später kehrte Wolterinck mit 5.000 kg Material zurück. In seinem Gepäck befanden sich 50 Sorten unzähliger Blumen aus aller Welt, Früchte und Gemüse. Der Grund war die Ausstellung des alten holländischen Meisters Johannes Vermeer in der National Gallery. In der Amtswohnung in Washington, für Wolterinck inzwischen ein vertrauter Arbeitsplatz, fand die Ausstellung "Still lifes alive" statt. Inspiriert von den Stillleben der holländischen Meister des "Goldenen Jahrhunderts" der Niederlande, u.a. Jan Davidsz de Heem, Ambrosius Bosschaert und Jan Breughel, kreierte Marcel Wolterinck atemberaubende Arrangements. Lebensfrohe Ansichten, erschaffen aus Blumen, Früchten, duftendem Schinken, Broten, Geflügel, Austern und Krebsen, strahlten die Atmosphäre der damaligen Zeit aus. Die zum Leben erweckten Stillleben enthielten soviele authentische Zutaten wie möglich: alte Bücher, Tonpfeifen aus Gouda, Zinnteller und Kopien von Römergläsern. Wolterinck hat die Phantasiebukette dieser Gemälde auf eine zeitgemäße Weise interpretiert. Diesem modernen holländischen Meister ist es gelungen, das sogenannte "Goldene Jahrhundert" der Niederlande wieder zum Leben zu erwecken.

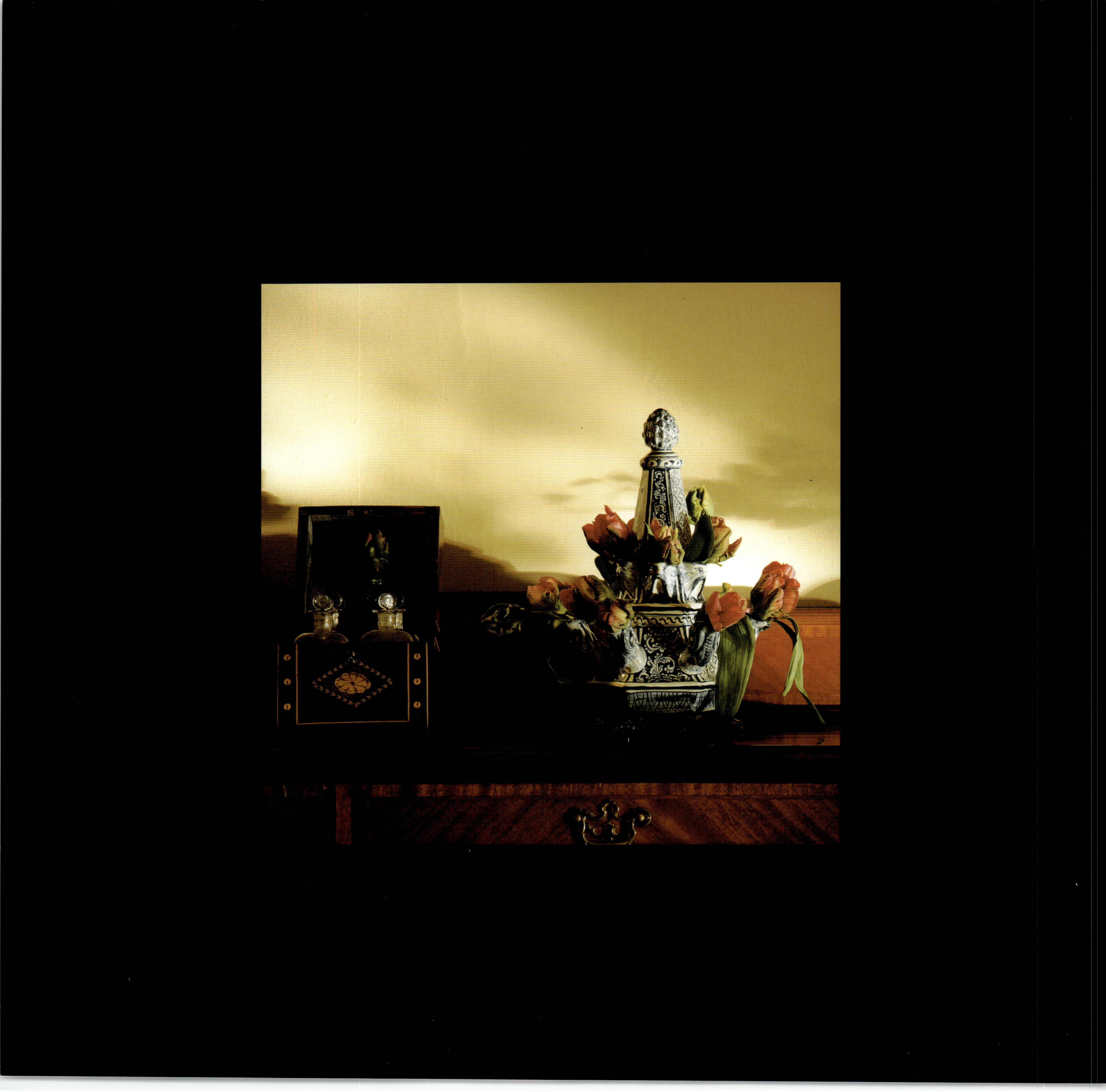

Marcel Wolterinck

De 36-jarige bloemdecorateur Marcel Wolterinck begon zijn vakopleiding als bloemist op de middelbare tuinbouwschool. Daarna volgde hij een meesterbinderopleiding en werkte jarenlang in diverse bloemenspeciaalzaken. Tien jaar geleden opende Wolterinck zijn eigen winkel in Laren, waar hij zich met zijn vrouw Anja en een team dat is uitgegroeid tot vijftien medewerkers bezighoudt met diverse boeketten, variërend van een Brussels tuiltje, een persoonlijk bruidsboeket, relatiebloemwerk, tafeldecoraties tot rouwarrangementen. Veelzijdigheid is zijn specialiteit, hetgeen ook tot uiting komt in tal van andere activiteiten. Wolterinck geeft interieuradviezen en verzorgt de decoratie van diners en feesten. In 1996 heeft hij onder eigen label WCM de cd 'Ornament' uitgebracht in samenwerking met Jorine Samson en Ernö Olah. Als trendsettend bloemist begint Wolterinck nu ook door te dringen in het buitenland. Op de Franse beurs 'Scènes d'interieur' neemt Wolterinck, die deel uitmaakt van de 'Createurs de Vermont' in 1997 de 'Mme Figaro des tableaux d'honneur' prijs in ontvangst. 'Zijn vak is toegespitst op sfeervol wonen en harmonieus leven. Dit boek is een weergave van alle dingen die hem boeien'.

Floral designer Marcel Wolterinck (age 36) began his professional training as a florist at horticultural college. He then completed the master florist course and worked for several years in various leading floral shops. Ten years ago Wolterinck opened his own shop in Laren, where he and his wife Anja and a team which has grown to fifteen co-workers create a large variety of bouquets ranging from nosegays, personalized bridal bouquets, business arrangements, centrepieces and funeral arrangements. Versatility is his speciality, so it is hardly surprising that he is involved in countless other activities. Wolterinck works as an interior consultant and arranges the decorations for dinners and parties. In 1996 under his own label WCM he released the compact disc "Ornament" in association with Jorine Samson and Ernö Olah. As a trendsetting florist Wolterinck is now gaining international acclaim. In 1997 at the French exhibition "Scènes d'interieur" Wolterinck, who is part of the "Createurs de Vermont", received the "Mme Figaro des tableaux d'honneur" award. "His work is all about creating a pleasant home environment and an harmonious lifestyle. This book is a representation of all the things that inspire him."

Le décorateur-fleuriste Marcel Wolterinck, âgé de 36 ans, commença sa carrière de fleuriste par une formation professionnelle à l'école d'horticulture. Ensuite, il a suivi des études de spécialisation en décoration florale et a travaillé durant des années pour de multiples fleuristes. Il y a dix ans, il a ouvert son propre magasin de fleurs à Laren, où il a réalisé ensemble avec son épouse Anja et une équipe qui a grandi jusqu'à une quinzaine de collaborateurs, différents bouquets, allant d'une gerbe de Bruxelles, à un bouquet de mariée très personalisé, à des bouquets de fleurs à offrir à des relations, des décorations de tables et finalement des arrangements funéraires. La spécialité de Marcel Wolterinck, c'est son abilité de s'épanouir de manière universelle, ce qui apparaît clairement dans ses autres activités. Wolterinck donne également des conseils d'architecture d'intérieur, et s'occupe des décorations lors de fêtes et de dîners. En 1996, il a produit sous sa propre étiquette WCM, en collaboration avec Jorine Samon et Ernö Olah le cd "Ornement". Wolterinck commença à s'étendre à l'étranger en tant que fleuriste à tendances. En 1997, lors d'une exposition française intitulée "Scènes d'intérieur", Wolterinck qui fait partie des "Créateurs de Vermont" a reçu le prix "Mme Figaro des tableaux d'honneur". Son travail est basé sur la création d'un cadre de vie chaleureux et d'une vie harmonieuse. Ce livre représente toutes les choses qui le passionnent.

Seine Ausbildung zum Floristen absolvierte der 36-jährige Blumendekorateur Marcel Wolterinck an der Gartenbauschule. Danach folgte die Meisterschule und jahrelange Tätigkeit in verschiedenen Blumenfachgeschäften. Vor zehn Jahren eröffnete Wolterinck sein eigenes Geschäft in Laren, wo er mit seiner Frau Anja und einem Team von mittlerweile fünfzehn Mitarbeitern die unterschiedlichsten Bukette bindet, wie z.B. Brüsseler Sträuße, den persönlichen Brautstrauß, Sträuße für geschäftliche Anlässe, Tischdekorationen und Trauergestecke. Vielseitigkeit ist seine Spezialität, was auch in zahlreichen anderen Aktivitäten zum Ausdruck kommt. Wolterinck berät bei Einrichtungsfragen und sorgt für die Dekoration bei Diners und Festen. 1996 brachte er unter seinem eigenen Label, WCM, in Zusammenarbeit mit Jorine Samson und Ernö Olah die CD "Ornament" heraus. Als trendsettender Florist macht sich Wolterinck mittlerweile auch im Ausland einen Namen. Auf der französischen Messe "Scènes d'Interieur" erhält Wolterinck, einer der "Créateurs de Vermont", 1997 den "Mme Figaro des tableaux d'honneur"-Preis. "Seine Arbeit ist auf stimmungsvolles Wohnen und harmonisches Leben ausgerichtet. Dieses Buch ist eine Wiedergabe aller Dinge, die ihm fesseln." -

Cees Roelofs

Cees Roelofs is een geboren en getogen Brabander die zijn loopbaan begint op de pedagogische academie. Creatieve aspriaties leiden uiteindelijk tot zijn liefde voor fotografie. Hij is een autodidact van het zuiver-
te water. In 1975 opent hij een professionele studio in Tilburg, om 5 jaar later naar Hilvarenbeek te verhuizen. Roelofs ontplooit zich tot een internationaal reclamefotograaf van hoog niveau. In de loop van de jaren
achtig raakt Cees Roelofs geinspireerd door beeldmanipulatie. Zijn ideeën komen eerst tot stand via een animatiecamera uit de filmindustrie. Later wordt die vervangen door een paintbox. Dit brengt hem op het
ad van de digitale beeldbewerking en korte tijd later komt daar de digitale fotografie bij. In 1995 wint hij de Kodak European Gold Award met een digitale portretfoto. In 1990 komt Roelofs in contact met Marcel
Volterinck, die hem ertoe aanzet ook bloemen en decoraties te fotograferen. Het resultaat is een verzameling indrukwekkende sfeer- en detail foto's. Cees Roelofs houdt zich bezig met diverse takken van de publi-
iteitsfotografie, zowel op locatie als in de studio. Zijn portfolio met digitale opnames illustreert zijn veelzijdigheid.

Cees Roelofs was born and raised in Brabant, the southern province of the Netherlands. His career began at the pedagogic academy, however in his search for greater artistic freedom his love turns toward photo-
raphy. In 1975 he begins his own professional studio in Tilburg to replace this 5 years later to Hilvarenbeek. He rapidly evolves into an advertising photographer of international standard. During the eighties his in-
erest turns toward image manipulation. He experiments with an animation camera at that moment widely used in the motion picture industry. Things move fast and after a short time he realizes that digital
nanipulation is only a small step away. Roelofs becomes one of the pioneers in the field of digital photography. His efforts were rewarded when he won the Kodak European Gold Award in 1995 with a digital
ortrait. In 1990 Roelofs and Wolterinck's paths cross and together their artistic talents lead to an impressive collection of breathtaking images. Roelofs can not be said to specialize in any particular field of photo-
raphy. He captures any situation or subject with natural precision. In his own words: I specialize in versatility.

Cees Roelofs qui est né et qui a grandi dans la province de Brabant a commencé sa carrière a l'Académie Pedagogique. Ses dons créateurs pourtant lui ont apporté l'amour de la photographie. Il est un autodidacte
out pur qui a ouvert un studio de photographie professionel à Tilburg. Cinq ans plus tard il a déménage et s'est installé à Hilvarenbeek, petit village à quelques kilomètres de la ville de Tilburg. Là il s'est déployé en
ant que photographe publicitaire de renommeé internationale qui a atteint un niveau très élevé. Dans le courant des années '80 Cees Roelofs s'est inspiré de la manipulations d'images. Ses idées se realisent au
ébut à l'aide d'une caméra d'animation provenant de l'industrie cinématographique. Plus tard celle-ci est remplacée par ce qu'on appelle une "paintbox". Ce développement a orienté Cees Roelofs vers la manipu-
ation digitale d'images et peu de temps après la photographie digitale s'y est ajoutée. En 1995 il a gagné le "Kodak European Gold Award", grâce à une photographie digitale. En 1990 Roelofs est entré en contact
vec Marcel Wolterinck qui l'a invité à photographier des fleurs et des décorations. Le résultat en a été une collection impressionante de photos où l'ambiance et le détail sont bien rendus. Cees Roelofs s'occupe de
ifférents aspects de la photographie publicitaire: sur les lieux aussi bien que dans son atelier de photographie. Son portfolio bien rempli de photographies digitales est une belle illustration de l'universalité tellement
aractéristique de Cees Roelofs.

Cees Roelofs ist ein waschechter Brabanter. Er beginnt seine Laufbahn an der pädagogischen Akademie. Seine kreative Veranlagung führt ihn jedoch zu Liebe für die Fotografie. Er ist ein typischer Autodidakt.
975 Eröffnet er ein professionelles Studio in Tilburg, zieht aber nach fünf Jahren um nach Hilvarenbeek. Roelofs entwickelt sich zu einem international tätigen Reklamefotograf mit hohem Niveau. Im Laufe der acht-
ger Jahre wird Cees Roelofs inspiriert durch die Möglichkeiten der Bildmanipulation. Seine Ideen verwirklicht er erst mit Hilfe einer Animationskamera aus der Filmindustrie. Später ersetzt er diese durch eine Paint-
ox. Diese Erfahrungen lassen ihn den Weg der digitalen Bildbearbeitung einschlagen und kurze Zeit später kommt noch die digitalen Fotografie hinzu. In 1995 gewinnt er den Kodak European Gold Award mit einer
igitalen Porträtfotografie. 1990 kommt Roelofs in Kontakt mit Marcel Wolterinck, der ihn anregt auch Blumen und Dekors zu fotografieren. So ist eine eindrückliche Sammlung von Stimmungsbildern und Detail
ufnahmen entstanden. Cees Roelofs ist in verschiedenen Bereichen der Werbefotografie tätig. Er macht sowohl Außenaufnahmen als auch Studioarbeiten. Sein Portfolio mit digitalen Aufnahmen illustriert es: Viels-
itigkeit ist seine Spezialität.

ekst: Corrie Bohler

Extra informatie:

Met dank aan alle medewerkers van Wolterinck die hebben meegeholpen aan het tot stand brengen van het boek. En dank aan alle relaties die bereid waren de locatiefoto's te realiseren.

We wish to thank all of Wolterinck's employees who helped make this book possible and all the clients who allowed us to take location photographs.

Nous remercions toutes les personnes qui en collaboration avec Marcel Wolterinck ont contribué à la réalisation de ce livre, et bien entendu tous les clients qui ont bien voulu laisser réaliser les photos sur place.

Dank gilt allen Mitarbeitern von Marcel Wolterinck, die mitgeholfen haben, dieses Buch fertigzustellen. Dank auch all jenen, die bereit waren, die Fotos von Schauplätzen zu realisieren.

Wolterinck Bloemen B.V.
Naarderstraat 13
1251 AW Laren
tel.: +31(0)35-5383909

Cees Roelofs fotografie
Paardenstraat 6
5081 CH Hilvarenbeek
tel.: +31(0)13-5052837

Tekst:
Cachet Communicatie
Randstad 2149
1314 BH Almere-Stad

Catering:
La Renaissance
Rozemarijnstraat 25
3231 AL Brielle
tel.: +31(0)181-417891

Piet Boon Oostzaan B.V.
Ambacht 6
1511 JZ Oostzaan
tel.: +31(0)75-6843656

Gerry Nelissen Interieurs
Verlengde Molenweg 3
6645 KD Winssen
tel.: +31(0)487-522021

Taeymans Meesterschilders
Mutsaertstraat 16
2000 Antwerpen
België
tel.: +32(3)2321891

Hans Fonk Publications
J.Vermeerstraat 49 II
1071 DM Amsterdam
tel.: +31(0)20-6646352
Foto's pag.: 168, 169, 170 en 171

Hotze Eisma
VT-wonen
Foto's pag.: 81,101, 103

Michelle Deiters, beeldhouwer
Foto torso, pag.85

Design & Lay-out Andrzej Bartoszek Design
Stationsstraat 34-36
5038 ED Tilburg
tel. +31(0)13-5433662

Lithography and print
Drukkerij Tesink B.V.
Hermesweg 17 7202 BR Zutphen
tel. +31(0)575-513433

Binding
Hendriks & Lützenkirchen GMBH, Kleve

ISBN 90-6255-750-3